Disney PRINCESSES

hachette
HEROES

58, rue Jean Bleuzen, 92178 Vanves

Direction : Catherine Saunier-Talec
Responsable éditorial : Antoine Béon
Illustrations et mise en page : Antartik
Couverture : Nicolas Gallois
Fabrication : Anne-Laure Soyez

Achevé d'imprimer en Espagne par Macrolibros en mars 2020.
Dépôt légal : janvier 2020
10-6864-5/02
ISBN : 978-2-01-945209-4
Pour l'éditeur, le principe est d'utiliser des papiers composés de fibres naturelles, renouvelables, recyclables et fabriquées à partir de bois issus de forêts qui adoptent un système d'aménagement durable. L'éditeur attend également de ses fournisseurs de papier qu'ils s'inscrivent dans une démarche de certification environnementale reconnue.

p'tits carrés Art-thérapie

Disney Princesses

hachette
HEROES

Les princesses sont des personnages récurrents dans les films d'animation Disney. Au fur et à mesure des années, elles ont su se réinventer et évoluer sans jamais perdre leur bravoure, leur bonté d'âme et leur fort caractère.

Mulan n'a pas peur de désobéir en se faisant passer pour un homme pour partir au combat et protéger les siens. Belle devient prisonnière de la Bête pour faire libérer son père. Raiponce et Tiana luttent sans relâche pour réaliser leurs rêves. Cendrillon et Blanche-Neige résistent à la cruauté de leurs belles-mères et Aurore, au mauvais sort lancé par une sorcière. Mérida nous transporte en Écosse, Jasmine en Arabie, Pocahontas en Amérique et Ariel nous fait passer des paysages luxuriants de l'océan à la terre ferme grâce à sa curiosité et sa détermination.

Saisissez vos plus beaux feutres et crayons de couleur et donnez vie aux héroïnes de vos films préférés.

Sommaire

1937-1959

1989-1998

2009-2012

1937-1959

BLANCHE NEIGE, 1937

CENDRILLON, 1950

LA BELLE AU BOIS DORMANT, 1959

1989-1998

***La Petite Sirène*, 1989**

***La Belle et la Bête*, 1991**

***Aladdin*, 1992**

***Pocahontas*, 1995**

***Mulan*, 1998**

SHU

2009-2012

***LA PRINCESSE ET LA GRENOUILLE*, 2009**

***RAIPONCE*, 2010**

***REBELLE*, 2012**

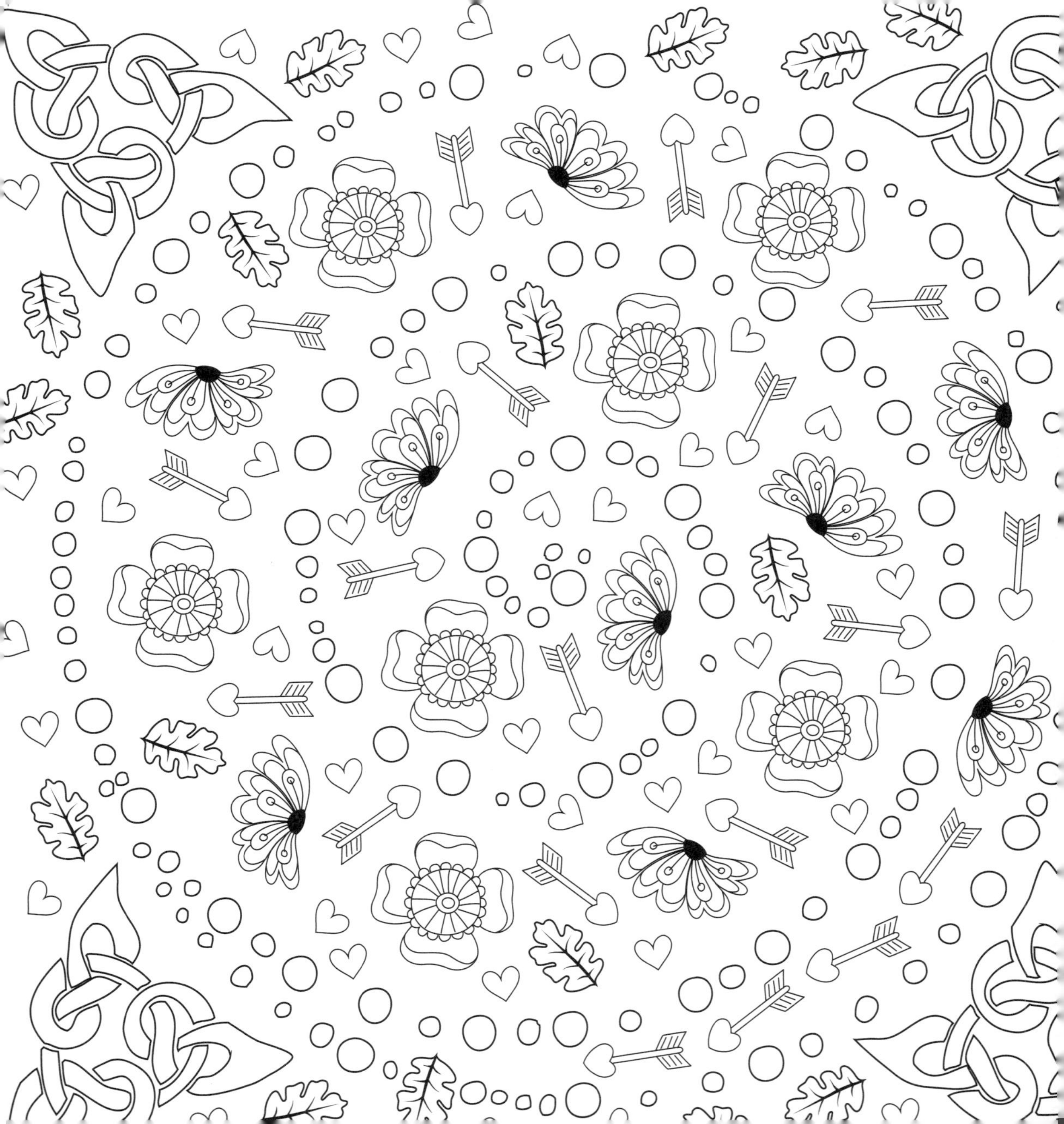

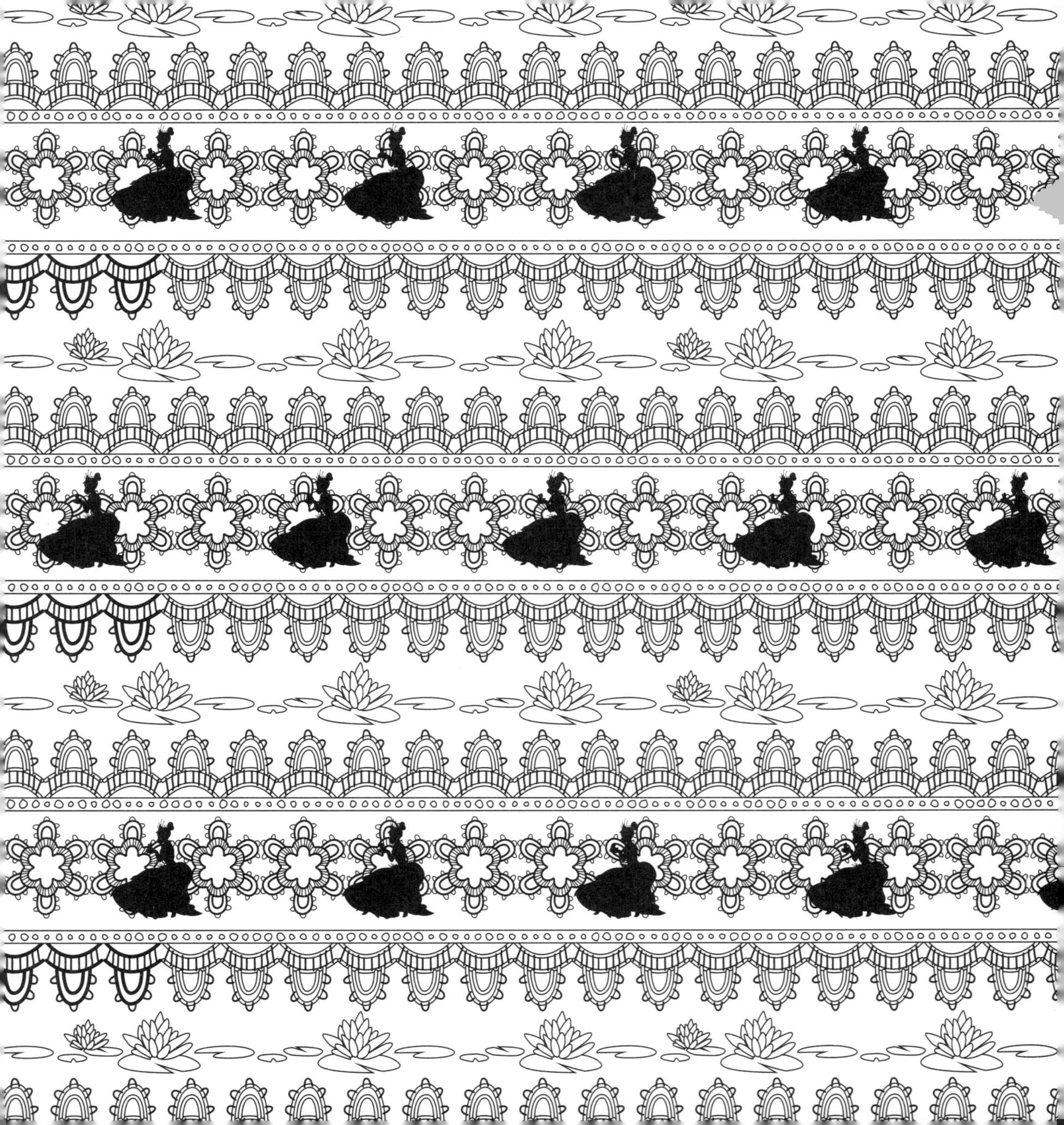

Art-thérapie

KIT DE PAPETERIE

Cartes postales, étiquettes, marque-pages :
Choisissez le format qui vous intéresse, l'illustration qui vous inspire et customisez votre propre papeterie.

Utilisez cette page pour tester le rendu de vos feutres, crayons et stylos.

Le papier de cet ouvrage est très épais. Pour un meilleur résultat de découpe, nous vous conseillons de privilégier l'usage d'un cutter.